Petra Bartoli y Eckert

Alex ist einfach anders

Verlag an der Ruhr

Kids

Impressum

Titel
KidS – Klassenlektüre in drei Stufen
Alex ist einfach anders – Lesestufe 1

Autorin
Petra Bartoli y Eckert

Titelbildmotiv und Illustrationen
Wolfgang Slawski

Satz und Layout
Eva-Maria Hamann

Druck
Heenemann GmbH & Co. KG, Berlin, DE

Verlag an der Ruhr
Mülheim an der Ruhr
www.verlagruhr.de

ISBN 978-3-8346-3096-4

Begleitendes Unterrichtsmaterial:
KidS – Literatur-Kartei: „Alex ist einfach anders“
3-fach differenzierter Lesebegleiter
ISBN 978-3-8346-3093-3
Oder als PDF unter **www.verlagruhr.de**:
ISBN 978-3-8346-3047-6

Inhalt

Personen

Das ist Finn.
Er ist neu in der Klasse.

Das ist Alex.
Finn findet ihn komisch.

Das ist Mara.
Sie und Alex sind Zwillinge.

Das ist Tarek.
Finn sitzt neben ihm.

1 Ein komischer Junge

Finn hatte richtig schlechte Laune. Er war vor einer Woche umgezogen. Jetzt war alles neu: Die Wohnung, in die sie gezogen waren, war neu. Papa hatte eine neue Arbeit. Und Mamas Weg zur Arbeit war neu. Der war jetzt viel weiter.

Und natürlich ging Finn auch auf eine neue Schule. Dort musste er neue Freunde finden. Papa und Mama fanden diese neuen Dinge super. Finn fand alles einfach nur blöd. Er hatte den Umzug nicht gewollt!

Heute war Finns erster Tag an der neuen Schule. Mama brachte Finn mit dem Auto hin. „Bist du aufgeregt?“, fragte sie. Finn schüttelte den Kopf und murmelte: „Nö, ich doch nicht.“ Das war natürlich gelogen. Schnell stieg er aus und rannte in Richtung Schule.

Im Flur der Schule blieb Finn stehen. Mama hatte mit dem Schulleiter telefoniert. Darum wusste Finn, dass sein Klassenzimmer gleich hinter der ersten Zwischentür im Erdgeschoss lag. Viele Kinder drängten in die Schule.
„Weggehen! Nicht anfassen“, rief ein Junge mehrmals laut.
Finn drehte sich um.

Der Junge war etwa so groß wie er.
Hinter ihm ging ein Mädchen.
Finn blieb stehen und überlegte:
„Ob die in meine Klasse gehen?“
Er folgte den beiden. Sie gingen wirklich zum richtigen Klassenzimmer!
Finn wartete unsicher.
Neben ihm blieb eine Frau stehen und fragte: „Bist du Finn?“
Finn nickte.

Da lächelte die Frau: „Ich bin Frau Schön, deine neue Lehrerin.“ Finn folgte ihr ins Klassenzimmer. Er stellte sich vorne an die Tafel. Frau Schön sagte zu den Kindern: „Guten Morgen. Setzt euch bitte auf eure Plätze.“ Finn sah, wie jeder zu seinem Platz ging.

Frau Schön sagte: „Ich möchte heute den Morgenkreis ausfallen lassen. Stattdessen will ich euch jemanden vorstellen. Das ist euer neuer Mitschüler. Er heißt Finn Steinhauser.“ Plötzlich wiegte der Junge von vorhin sich hin und her. Er rief laut: „Wir beginnen mit dem Morgenkreis. Wir beginnen immer mit dem Morgenkreis.“

Finn murmelte leise: „Der ist echt voll komisch.“

Die Lehrerin beruhigte den Jungen: „Alex, es ist gut. Du hast Recht. Wir sollten trotzdem mit dem Morgenkreis beginnen. Dann kann Finn im Kreis gleich ein bisschen über sich erzählen.“

Das Mädchen aus dem Schulflur hielt Finn ein Kissen hin. Finn setzte sich darauf. Alle Schüler machten vor der Tafel einen Kreis. Das Mädchen flüsterte: „Ich bin Mara“, Finn fragte: „Und wer ist der Spinner, der gerade so rumgebrüllt hat?“ Mara sah Finn wütend an.

Sie zischte: „Das ist kein Spinner. Das ist Alex und er ist mein Bruder. Wir sind Zwillinge. Er ist vielleicht ein bisschen anders. Aber wenn hier einer spinnt, dann bist du das. Merk dir das!“ Mara rückte ein Stück von Finn weg.

Finn flüsterte: „He, so war das doch nicht gemeint. Ich konnte doch nicht wissen, dass Alex dein Bruder ist.
Was hast du denn?“
Da unterbrach ihn Frau Schön:
„Lasst uns beginnen. Finn, wir möchten dich gerne besser kennenlernen und uns alle bei dir vorstellen. Fang du doch bitte an und erzähl uns ein bisschen was von dir.“

Alle schauten Finn neugierig an. Nur Mara und Alex nicht. Finn erzählte: „Ich wohne erst seit letzter Woche in Neustadt. Wir sind hierher gezogen. Ich mag gerne Mathe. Und Pizza. Und Fußballspielen mag ich auch.“ Danach erzählten alle anderen Kinder von sich, nur Alex nicht.

2 Ist der behindert?

Nach dem Morgenkreis fragte ein Junge: „Kann Finn neben mir sitzen?“ Frau Schön nickte: „Das ist eine gute Idee.“ Der Junge hieß Tarek. Er schlug Finn vor: „Du kannst dich hierhin setzen.“ Dabei zeigte er auf einen freien Stuhl.

Da bat Frau Schön: „Holt bitte eure Rechenhefte.“ Finn freute sich. Im Rechnen war er richtig gut. Frau Schön hatte viele ziemlich hohe Zahlen an die Tafel geschrieben. Sie sagte: „Ich möchte, dass ihr alle Zahlen der Größe nach ordnet. Fangt bitte mit der kleinsten an.“

Finn grinste: „Das ist ja babyeinfach.“ Tarek murmelte: „Findest du?“ Frau Schön hatte eine Idee: „Alex, magst du uns die kleinste Zahl sagen? Dann kann Finn besser verstehen, wie das geht.“ Finn wollte etwas sagen. Da schrie jemand laut: „Aah!“ Es war Alex.

Alex schrie: „Nein! Nein!“ Er sprang auf und trommelte mit seinen Fäusten auf den Tisch. Frau Schön versuchte, ihn zu beruhigen: „Ist gut, Alex.“ Finn fand das gar nicht gut!

Frau Schön meinte: „Setz dich in die Leseecke. Dort kannst du deine Musik hören.“ Sie reichte Alex Kopfhörer. Damit ging Alex zum CD-Player in der Leseecke. Verwundert dachte sich Finn: „Wieso darf der jetzt Musik hören?“ Alex kauerte sich auf ein Kissen. Dann drückte er die Starttaste.

Niemand in der Klasse fand das komisch. Alle schrieben in ihre Hefte. Nur Finn wunderte sich. Er rückte ganz nahe an Tarek heran und flüsterte: „Ist dieser Alex behindert oder krank oder so?“ Tarek sah Finn überrascht an.

Dann wisperte Tarek: „Alex ist nicht krank. Sonst würde er ja im Bett liegen. Denkst du vielleicht, Alex ist ansteckend oder so? Alex ist ganz okay. Er ist nur ein bisschen anders im Kopf.“ Finn fragte: „Aber was hat er denn?“ Tarek flüsterte: „Das, was Alex hat, heißt Autismus.“

Plötzlich sagte Frau Schön streng:
„Es ist ja schön, zu sehen, dass ihr beiden euch schon so gut versteht.
Aber jetzt steht Rechnen und nicht Reden auf dem Stundenplan.“
Tarek erklärte schnell:
„Finn wollte nur wissen, was mit Alex ist.
Aber ich hab ihm schon alles erklärt.“
Da fragte Frau Schön bei Finn nach:
„Möchtest du noch etwas wissen?“
Finn schüttelte den Kopf und murmelte:
„Nein, nein. Ich hab schon verstanden.
Alex hat so etwas wie ein Auto im Kopf.“
Dann fing er endlich an, zu arbeiten.

3 Pause mit Alex

Es war Pause. Alle Kinder stürmten nach draußen.
Tarek rief Finn zu: „Los, komm! Wir können zusammen Fußball spielen.“
Aber Frau Schön hielt ihn auf und meinte: „Moment, Finn. Ich möchte noch kurz mit dir sprechen.“
Frau Schön lächelte freundlich.

Sie sagte: „Ich kann gut verstehen, dass das Verhalten von Alex für dich eine Überraschung ist.“
Finn nickte.
Frau Schön erklärte weiter: „Alex mag es nicht, wenn er angefasst wird.

Und er kann nicht leiden, wenn etwas anders ist als sonst. Veränderungen regen Alex ziemlich auf.“

Das konnte Finn gut verstehen. Er konnte den Umzug hierher auch nicht leiden. Irgendwie ging es Alex also so wie ihm. Aber Finn fand, dass Alex trotzdem eigenartig war.

Finn fragte: „Alles klar. Kann ich jetzt gehen?“ Da lachte Frau Schön: „Natürlich. Tarek wartet ja sicher schon auf dich.“ Finn lief los. Draußen suchte er Tarek. Finn sah ein Holzhäuschen. Er konnte sehen, dass einige Kinder Spielsachen heraustrugen.

Bestimmt konnte man sich dort Dinge zum Spielen ausleihen. Finn drehte sich um. Da entdeckte er Alex. Er kniete auf dem Boden. Neugierig schaute Finn hinüber. Er fragte sich, ob Alex wieder irgendetwas Komisches machte. Nein! Er malte nur. Mit Straßenmalkreiden zeichnete er Pferde auf den Boden.

Finn kam näher und rief bewundernd: „Das sieht ja voll cool aus!“ Alex murmelte: „Nicht anfassen!“ Da brummte Finn: „Schon gut, das hatte ich auch nicht vor.“ Plötzlich zischte jemand: „He! Lass bloß meinen Bruder in Ruhe!“

Neben ihm stand Mara. Sie war ärgerlich. Finn murmelte: „Ich sehe mir doch nur seine Bilder an.“
Plötzlich rief Tarek: „Hallo, Finn, da bist du ja! Komm rüber!“
Er winkte Finn zu. Finn schaute Mara finster an. Dann rannte er schnell zu Tarek.

Der hielt Finn einen grünen Ball hin und fragte: „Wollen wir Fußball spielen? Den hab ich für uns ausgeliehen.“
Finn schnappte sich den Ball und trat dagegen. Der Ball flog über den Pausenhof.
Tarek kicherte: „Toller Schuss.“
Die beiden liefen los, um sich den Ball wiederzuholen.

4 Die Entdeckung

Die restlichen Schulstunden vergingen schnell. In der letzten Stunde hatten sie Kunst. Gemeinsam mit Tarek bedruckte Finn ein Blatt Papier mit selbst gemachten Stempeln. Dann klingelte es. Finns erster Tag war zu Ende.

Tarek und Finn gingen nebeneinander aus dem Klassenzimmer.
Tarek wollte wissen: „Und, wie gefällt dir unsere Klasse?“
Finn antwortete: „Naja, hier ist alles ganz anders als in meiner alten Schule. Ich muss mich erst daran gewöhnen.“
Dabei fiel ihm auf, dass Alex so ein Gefühl ja auch oft haben musste.

Vor dem Schultor fragte Finn: „Wo musst du denn lang?“
Tarek antwortete: „In die Bergstraße“ und zeigte nach rechts.
Finn meinte: „Schade, ich muss in die andere Richtung. Dann sehen wir uns morgen wieder.“
Tarek nickte und lief los. Auch Finn machte sich auf den Heimweg.

Er hatte es nicht eilig.
Denn Finn war nun jeden Tag erst einmal zwei Stunden allein zu Hause.
Mama hatte ihm heute Morgen den Schlüssel mitgegeben. Sein Essen stand zum Warmmachen in der Mikrowelle.

Finn schob seine Hände in die Hosentaschen. Er musste nachdenken. In seinem Kopf waren unendlich viele Gedanken.
Finn dachte an den Morgenkreis.
Und an Tarek.
Er dachte an die wütende Mara. Und an Alex, der sich so komisch verhielt, wie Finn fand.

Plötzlich stolperte Finn.
Er murmelte: „So ein Mist."
Finns Schnürsenkel waren offen.
Er beugte sich nach unten, um sie wieder zuzubinden.
Da machte er eine Entdeckung:
Im Gras neben dem Bürgersteig lag ein eigenartiges, halbrundes Ding.
Es sah aus wie eine gelbbraune, umgedrehte Plastikschüssel.

Finn bemerkte gar nicht, dass neben ihm noch jemand stehen blieb. Bis eine Stimme fragte: „Was machst du denn hier?“ Finn fuhr hoch und blickte direkt in die Gesichter von Mara und Alex. Mara fragte: „Hat es dir jetzt die Sprache verschlagen?“

Plötzlich bewegte sich das gelbbraune Etwas. Finn rief: „Da! Habt ihr das gesehen?“ Er krabbelte vorsichtig an das Ding heran. Auch Alex und Mara kamen näher. Mara fragte: „Was ist das?“ Ihre Stimme klang plötzlich ganz freundlich.

Da bewegte sich das Ding wieder. Mara und Finn machten große Augen. Alex runzelte die Stirn. Mara piepste: „Das ist ja …“ Alex ergänzte: „Testudo hermanni“, Finn meinte verblüfft: „Hermann… was soll das denn sein?“ Er sah Alex fragend an.

5 Alex kennt sich aus

„Eine Schildkröte!“, stellte Mara fest. Finn fragte: „Beißen Schildkröten?“ Vorsichtig streckte er seine Hand aus. Nüchtern erklärte Alex: „Ja, amerikanische Schnappschildkröten sind sehr bissig.“ Finn schrie entsetzt auf und fragte stotternd: „Ist das so eine?“ Alex schüttelte den Kopf: „Nein, das ist eine Griechische Landschildkröte. Auf lateinisch Testudo hermanni.“

Finn atmete erleichtert auf. Er fragte: „Was macht denn eine Schildkröte neben dem Gehweg?“ Mara vermutete: „Vielleicht ist sie von zu Hause ausgerissen.“

Finn überlegte: „Und wo ist ihr Zuhause?“

Sofort antwortete Alex: „Der natürliche Lebensraum der Griechischen Landschildkröte ist der europäische Mittelmeer-Raum.“

Finn murmelte skeptisch: „Vom Mittelmeer bis hierher wird sie ja wohl kaum gelaufen sein.“

Mara meinte: „Quatsch. Sie gehört jemandem und ist ausgerissen.“

Finn grinste: „Ich finde, sie sieht ein bisschen aus wie ein Dinosaurier.“
Da mischte sich Alex ein: „Schildkröten gab es schon in der Zeit, als es auch die Dinosaurier gab.“
Finn tippte das Tier an. Schnell zog es Kopf und Beine unter den Panzer.

Mara rief: „Jetzt hast du sie erschreckt.“
Alex ergänzte: „Wenn Schildkröten eine Gefahr vermuten, ziehen sie sich reflexartig zusammen.“
Finn tippte sich an die Stirn und meinte: „Ich bin doch nicht gefährlich. Oder sehe ich vielleicht aus wie ein Vampir oder so?“

Mara grinste: „Ein bisschen schon.“ Da musste Finn auch grinsen. Er riss seinen Mund auf und klapperte mit den Zähnen. Da fiel Mara etwas ein: „Glaubt ihr, sie hat Hunger? Was fressen Schildkröten überhaupt?“ Natürlich wusste Alex auch darüber Bescheid.

Er antwortete: „Landschildkröten sind Vegetarier. Sie fressen Wildkräuter.“ Finn entdeckte Löwenzahn und Klee. Er zupfte ein paar der Blätter ab. Dann legte er die Kräuter vor das Tier und flüsterte: „Da, Schildkröte. Für dich.“

Schon beschwerte sich Mara: „Ich finde das ziemlich blöd.“ Finn rief erstaunt: „Was? Dass ich die Schildkröte füttere?“ Mara erklärte schnell: „Nein. Dass wir zu ihr einfach nur ‚Schildkröte‘ sagen. Ich sage ja auch ‚Finn‘ zu dir. Und nicht nur ‚Junge‘.“

Plötzlich rief Finn: „Ich habe eine Idee!“ Er sah zu Alex und fragte: „Wie heißt eine Landschildkröte noch? Du hast doch vorhin so einen komischen Namen genannt.“ Alex antwortete: „Der lateinische Name der Griechischen Landschildkröte ist Testudo hermanni.“

Finn grinste: „Genau. Und darum nennen wir die Schildkröte hier fürs Erste einfach Hermann.“

Die Schildkröte streckte vorsichtig ihren Kopf aus dem Panzer hervor.

Mara flüsterte: „Schaut nur! Ich glaube, Hermann ist mit seinem Namen einverstanden.“

Finn schob die Blätter zur Schildkröte und flüsterte: „Hier, Hermann, die sind für dich. Bestimmt hast du Hunger. Lass es dir schmecken.“
Hermann fraß genüsslich den Löwenzahn.
Da fragte Mara: „Und was machen wir jetzt mit Hermann?“
Finn befürchtete: „Wenn wir ihn hierlassen, kriecht er vielleicht auf die Straße.“
Mara nickte: „Und dann wird Hermann von einem Auto überfahren.“
„Das ist viel zu gefährlich. Wir müssen etwas unternehmen“, sagte Finn entschlossen.

Mara überlegte: „Wir müssen herausfinden, wem Hermann gehört.“ In dem Augenblick schaute Alex auf seine Uhr und meinte: „Wir sind elfeinhalb Minuten zu spät.“ Mara rief erschrocken: „Mist, wir müssen nach Hause. Sonst macht sich Mama Sorgen und Alex wird dann auch nervös.“

Mara wollte von Finn wissen: „Bekommst du keinen Ärger, wenn du zu spät nach Hause kommst?“

Finn schüttelte den Kopf. Er erklärte: „Meine Mama ist noch arbeiten. Sie kommt erst später nach Hause." Mara sagte: „Gut, dann bis morgen." Finn fragte erstaunt: „He, soll ich jetzt etwa mit Hermann hier alleine bleiben?" Mara runzelte die Stirn. Schließlich sagte sie: „Dann geh eben auch nach Hause." Finn meinte: „Aber wir können doch Hermann nicht einfach so hier alleine lassen." Mara schlug vor: „Ich laufe nach Hause und sag Mama Bescheid. Und ich hole einen Schuhkarton. Da können wir Hermann reinsetzen. Dann nehmen wir ihn erst einmal mit zu uns."

Alex überlegte lange, ob er mit Mara gehen sollte. Dann meinte er mit fester Stimme: „Ich bleibe da."
Also ging Mara alleine los.
Finn fragte Alex: „Woher weißt du eigentlich so viel über Schildkröten?"
Alex antwortete: „Aus meinen Tierbüchern."
Finn erinnerte sich an die schönen Zeichnungen, die Alex in der Pause gemacht hatte.

Finn wollte wissen: „Kannst du deshalb auch so gut Tiere malen?"
Alex gab keine Antwort, aber Finn hatte eine Idee. Er rief Mara nach: „Bring Papier und Stifte mit!"
Hoffentlich hatte sie ihn gehört.

6 Alle Hände voll zu tun

Finn musterte Alex von der Seite. Der wich seinem Blick aus. Finn zuckte mit den Schultern und wollte wieder nach Hermann sehen. Doch dann schrie er auf: „He! Er ist weg!“ Hektisch sah sich Finn um. Nichts! Hermann war verschwunden.

Finn rief: „Los, wir müssen Hermann finden!“ Er ging in die Hocke und schaute rings um sich. Finn atmete tief durch. Bald kam Mara zurück. Wenn Hermann weg war, wäre der Teufel los. Dann glaubte sie, dass Finn und Alex nicht richtig aufpassen konnten.

Finn lockte: „Hermann, wo bist du denn?“ Er legte sich mit dem Bauch auf den Gehweg. Finn steckte seinen Kopf ins Gebüsch. Plötzlich sah er etwas Gelbbraunes zwischen den Blättern. Finn atmete auf: „Da bist du ja.“ Er zog Hermann hervor und legte ihn vorsichtig ab. Das war gerade noch mal gut gegangen!

Finn rappelte sich auf. Jetzt würde er noch besser auf Hermann aufpassen! Finn fragte Alex: „Glaubst du, er mag es, wenn wir ihn streicheln?“ Alex meinte: „Wenn er seinen Kopf einzieht, mag er es nicht.“ Vorsichtig legte Finn seine Hand auf den Panzer von Hermann.

Sanft streichelte er darüber. Finn flüsterte: „Ich glaube, es gefällt ihm.“ Dann kam Mara zurück. In der einen Hand trug sie einen großen Schuhkarton. In der anderen Hand hatte sie einen Block und eine Packung Farbstifte. Außer Atem sagte sie: „Mama hat uns erlaubt, eine Stunde nach dem Besitzer von Hermann zu suchen. Dann müssen wir nach Hause.“

Finn meinte: „Also los, wir müssen uns beeilen!“ Mara überlegte: „Als die Katze von Frau Müller weggelaufen war, hat sie Zettel mit einem Foto und ihrer Adresse aufgehängt.“ Statt des Fotos schlug Finn vor: „Alex soll ein Bild von Hermann malen!“ Alex begann, zu malen. Das Bild sah toll aus. Finn freute sich: „Bestimmt erkennt sein Besitzer ihn sofort, wenn er das sieht.“ Dann meinte Mara: „Ich weiß, was wir schreiben. Wo wohnst du?“ Finn antwortete: „Ludwigsgasse 3.“ Mara fing sofort zu schreiben an:

Schildkröte gefunden!

Wir haben eine griechische Landschildkröte am Straßenrand in der Ringstraße gefunden. Der Besitzer kann sich bei Mara und Alex Wilhelm oder bei Finn Steinhauser melden.
Wir wohnen in der Ludwigsgasse 3 und in der Ludwigsgasse 49.

Mit freundlichen Grüßen

Mara, Alex und Finn

Finn fiel etwas ein: „Wir brauchen aber noch viel mehr von den Zetteln. Mindestens zehn!“ Mara überlegte: „Das dauert ja ewig, bis wir die alle gemalt und geschrieben haben.“ Finn schlug vor: „Wir können den Zettel bei mir zu Hause kopieren.“ Mara war einverstanden: „Gut, aber Hermann kommt mit.“

Mara setzte Hermann in den Schuhkarton. Finn wollte den Karton anheben. Dabei streifte er aus Versehen den Arm von Alex. Sofort rief Alex: „Nicht anfassen!“ Finn lächelte: „Ich weiß. Entschuldige bitte.“ Dann gingen die drei los.

Vor Finns Haus fragte Finn: „Kannst du mal halten?“ Alex übernahm den Karton, ohne Finns Hände zu berühren. Finn fischte den Haustürschlüssel aus seiner Jackentasche. Mara wedelte mit dem Zettel herum. Sie murmelte ungeduldig: „Beeil dich.“

Endlich schloss Finn auf. Gemeinsam gingen sie zu Papas Büro. Mara sah sich neugierig um. Alex blieb in der Tür stehen. Mit Papas Kopierer kannte Finn sich aus. Er drückte einen großen Knopf. Im nächsten Augenblick flatterten zehn Kopien aus dem Gerät.

Finn griff nach dem Stapel und sagte: „Ich nehme noch Klebeband mit.“ Mara überlegte: „Und wo hängen wir die Zettel jetzt auf?“ Finn schlug vor: „Am besten an Straßenlaternen.“ Sie gingen nach draußen. Finn deutete auf eine Laterne: „Hier fangen wir an.“

Mara protestierte: „Nein, wir sollten zu der Stelle zurückgehen, wo wir Hermann gefunden haben. Und von dort aus suchen wir Laternen, an die wir die Zettel kleben können."

Die drei stapften los. Als sie in der Ringstraße angekommen waren, fragte Mara: „Aus welcher Richtung Hermann wohl gekommen ist?" Da rief Finn: „Oh Mann, wer weiß, wie weit er gelaufen ist. Wie schnell sind Schildkröten eigentlich?" Alex wusste: „Die schnellste Schildkröte ist eine Lederschildkröte. Sie kann 35 Kilometer in der Stunde im Wasser zurücklegen." Mara fragte: „Ist Hermann auch so schnell unterwegs?"

Alex erklärte: „Hermann ist eine Landschildkröte. Die braucht für einen Kilometer mehr als drei Stunden.“ Erleichtert atmete Finn auf. Dann musste Hermann bestimmt hier ganz in der Nähe wohnen. Ein paar Meter von ihnen entfernt stand eine Straßenlaterne. Daran klebte Finn die erste Suchmeldung.

Sie brauchten eine halbe Stunde, um alle Zettel aufzuhängen. Mara murmelte: „Hoffentlich meldet sich der Besitzer von Hermann bald.“ Sie sah auf ihre Uhr. Es war beinahe eine Stunde vergangen. Höchste Zeit für Mara und Alex, nach Hause zu gehen!

Darum sagte Mara: „Wir müssen los.“ Aber dann hatte Mara eine Idee: „Wir könnten Mama Bescheid sagen, dass wir bei dir warten, bis deine Mama nach Hause kommt. Und wenn sich bei uns jemand meldet, dann kann Mama ihm ja sagen, wo wir zu finden sind.“ Alex war schon aufgebrochen. Finn sah ihm nach. Er konnte sich gut vorstellen, noch mehr Zeit mit Mara und Alex zu verbringen. Darum sagte er grinsend: „Gerne.“ Mara schrie Alex nach: „He, warte auf uns!“

Da sahen Finn und Mara einen älteren Jungen auf Alex zugehen.

7 Abschied von Hermann

Der Junge blieb direkt vor Alex stehen. Er fragte: „Was hast du denn da?“ Alex sah erschrocken aus. Schnell rannten Finn und Mara zu ihm. Finn keuchte: „Vielleicht ist das der Besitzer von Hermann.“

Mit beiden Händen hielt Alex den Schuhkarton mit Hermann fest. Der fremde Junge fragte: „Darf ich mal sehen?“ Alex ging einen Schritt zurück. Finn wusste sofort: Alex hatte Angst. Finn wollte ihm helfen. Der Junge beschwerte sich: „Jetzt geh doch nicht weg.“

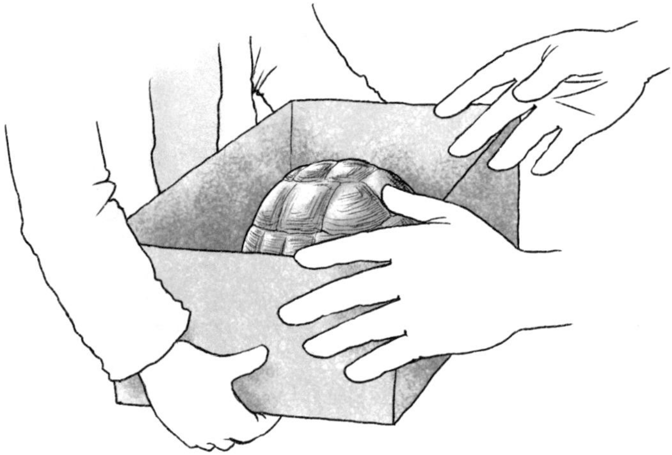

Langsam versuchte der Junge, nach dem Karton zu greifen. Dabei kam er Alex ziemlich nahe.

Gleichzeitig riefen Finn, Mara und Alex: „Nicht anfassen!“ Erschrocken wich der Junge zurück. Er musterte die drei Kinder und murmelte: „Ihr seid aber komisch.“ Dann drehte er sich um und ging weiter. Finn rief hinter ihm her: „Wir sind kein bisschen komisch!“ Dann gingen die Kinder weiter.

Plötzlich hörte Finn ein Rufen: „Kröti! Kröti, wo bist du denn?“ Finn blieb sofort stehen. Er flüsterte Mara zu: „Hast du das gehört?“ Mara hörte genau hin. „Kröti!“, rief die Stimme wieder. Irgendwie kam sie Finn ziemlich bekannt vor. Er sah sich um.

Eine Frau lief hinter ihnen die Straße entlang. Alle paar Meter schob sie den Ast eines Busches beiseite. Da rief Mara: „Frau Schön!“ Stimmt! Jetzt hatte Finn sie auch erkannt. Das war ja ihre Lehrerin. Frau Schön kam auf die Kinder zu und lächelte: „Ach, ihr seid das!“ Finn fragte: „Suchen Sie etwas?“

Frau Schön meinte: „Ja, meine Schildkröte. Ich habe sie heute Morgen in ihren Freilauf in den Garten gesetzt. Und jetzt ist sie verschwunden.“

Finn fragte: „Handelt es sich dabei um eine Testudo hermanni?“

Alex hatte den Schuhkarton hinter dem Rücken versteckt und murmelte: „Testudo hermanni ist eine Griechische Landschildkröte.“

Frau Schön nickte.
Mara fragte neugierig: „Wie sieht sie denn aus?“
Frau Schön erklärte: „Sie hat einen gelbbraunen Panzer. Wollt ihr mir vielleicht beim Suchen helfen?“
Finn und Mara schüttelten den Kopf.
Verwundert sah Frau Schön sie an.

Mara grinste: „Ich glaube, das ist nicht nötig.“
Finn ergänzte: „Wir haben sie nämlich bereits gefunden.“
Da zog Alex den Schuhkarton hinter seinem Rücken hervor und streckte ihn Frau Schön entgegen.
Sie warf einen Blick in den Karton. Dann lachte sie erleichtert.

Mara grinste: „Wir haben die Schildkröte Hermann genannt. Wegen Testudo hermanni.“
Frau Schön beugte sich über den Karton. Dabei warf ihr Kopf einen Schatten auf Hermann.
Da sagte Alex streng: „Landschildkröten brauchen Sonnenlicht, um sich aufzuwärmen. Das kann ihr Körper nicht allein.“

Schnell zog die Lehrerin ihren Kopf zurück und lächelte: „Du kennst dich aber gut mit Schildkröten aus.“
Finn meinte: „Und Alex kann Schildkröten auch super zeichnen.“
Mara ging zur Straßenlaterne, riss die Suchmeldung ab und reichte sie Frau Schön.

Die Lehrerin staunte: „Da habt ihr euch wirklich ziemlich große Mühe gegeben.“ Finn fand, dass Mara, Alex und er richtig gute Schildkrötenretter waren. Plötzlich kam ihm ein Gedanke: „Wenn Sie Hermann jetzt mitnehmen, dürfen wir ihn dann mal besuchen?“ Frau Schön lachte und sagte etwas leiser: „Ich habe da einen viel besseren Vorschlag. Soll ich euch ein Geheimnis verraten?“ Die Lehrerin zwinkerte: „Ich habe die Schildkröte gekauft, weil ich sie morgen mit in die Schule nehmen wollte. Sie soll unsere Klassenschildkröte werden.“

Finn hopste auf und ab und schrie: „Juhu!“ Frau Schön meinte: „Und weil ihr die Schildkröte gefunden habt, sollt ihr auch eine kleine Belohnung haben. Aber die verrate ich euch erst morgen in der Schule.“

Mara bettelte: „Können Sie uns nicht wenigstens einen kleinen Tipp geben?“
Da meinte Frau Schön: „Na gut.
Ich kann euch schon mal verraten, dass ich den Namen Hermann sehr schön finde. Viel besser als Kröti.
Darum soll die Schildkröte euren Namen bekommen.“
Den Zettel mit der Suchmeldung wollte Frau Schön auch behalten.
Sie meinte: „Am liebsten hätte ich das Original mit dem gemalten Bild von Alex. Sozusagen als Erinnerung. Aber wenn ihr mir sagt, wo die anderen hängen, mache ich sie wieder alle ab.“
Finn, Mara und Alex nickten.
Dann mussten sie aber wirklich nach Hause.
Finn flüsterte: „Tschüss, Hermann!
Bis morgen.“

Zu Hause angekommen, wartete Finn dann ungeduldig auf Mama. Als sie endlich kam, erzählte er ihr direkt alles von Mara und Alex. Und natürlich von Hermann und ihrer Suche nach der Schildkrötenbesitzerin.

Finn erzählte Mama auch von Alex' Auto im Kopf. Mama stutzte. Dann erklärte sie: „Du meinst sicher Autismus. Das hat gar nichts mit einem Auto zu tun. Autismus bedeutet, dass Alex' Gehirn anders funktioniert als deines. Deshalb denkt Alex manchmal anders als du. Oder er lächelt nicht zurück, wenn du ihn anlächelst. Er ist aber sicher genauso in Ordnung wie du oder andere Kinder."

8 Wir sind jetzt Freunde

Am nächsten Tag freute sich Finn schon auf die Schule. Er wollte heute zu Fuß gehen und Mara und Alex abholen. Mama gab Finn einen Kuss.
Sofort maulte Finn: „Nicht küssen!"
Mama lachte nur und sagte:
„Ich freue mich, dass du so schnell neue Freunde gefunden hast."

Gemeinsam mit Mara und Alex betrat Finn das Klassenzimmer. Tarek war schon da und rief: „He, Finn!“ Finn ging zu ihm und setzte sich.

Er sah, wie Frau Schön das Klassenzimmer betrat. In ihren Händen trug sie einen Schuhkarton. Schnell flüsterte Finn Tarek zu: „Ich erzähl dir später, was ich gestern Nachmittag gemacht habe.“

Jetzt wollte er erst einmal wissen, welche Belohnung sich Frau Schön ausgedacht hatte. Die Lehrerin meinte: „Ich möchte euch jemanden vorstellen. Er wird ab jetzt auch in unserer Klasse sein.“ Da rief Finn: „Er heißt Hermann!“

Frau Schön lächelte: „Gleich wird der Hausmeister ein großes Terrarium bringen. Das ist erst einmal der Platz für unser neues Klassenmitglied. Und nächste Woche möchte ich mit euch draußen einen großen Freilauf bauen.“
Dann endlich erzählte Frau Schön, wer Hermann war. Alle Kinder jubelten.

Daraufhin sagte Frau Schön: „Und nun habe ich noch eine Überraschung für Finn, Mara und Alex. Sie haben Hermann gestern gefunden, nachdem er ausgebüxt war. Darum dürfen sich die drei diese Woche als erste um Hermann kümmern.
Und ich dachte, ihr könntet auch einen Plan von einem Freigehege zeichnen. Immerhin kennt sich Alex so gut mit Schildkröten aus und kann prima malen. Wollt ihr das?“

Und ob sie das wollten! Finn klopfte Mara auf die Schulter. Alex winkte er kurz zu. Der winkte zwar nicht zurück. Aber das war Finn egal.

Finn fand Alex mittlerweile gar nicht mehr komisch, sondern ziemlich normal. Es war ihm egal, dass Alex manchmal anders war. Finn, Mara und Alex würden sicher hervorragend für Hermann sorgen. Und gemeinsam mit Freunden machte diese Aufgabe bestimmt besonderen Spaß.

Was ist eigentlich Autismus?

Alex hat Autismus. Besser gesagt, eine besondere Form davon. Man nennt die Krankheit Asperger-Syndrom. Aber Alex muss nicht im Bett liegen und Tee trinken. Seine Krankheit bereitet ihm andere Schwierigkeiten. Er mag zum Beispiel keine Veränderungen. Am wohlsten fühlt sich Alex, wenn immer alles gleich ist. Außerdem mag er es nicht, wenn es sehr laut oder hell ist. Oder wenn er von anderen angefasst wird. Denn Alex nimmt Geräusche, Licht oder Berührungen viel heftiger wahr als andere. Manche Dinge, die gesagt werden, versteht Alex ganz anders. Darum kann er auch selten über Witze lachen, weil er sie nicht lustig findet. Alex kann die Gefühle von anderen Kindern oder Erwachsenen nicht erkennen oder verstehen. Darum merkt er nicht, wenn er andere verletzt oder kränkt. Denn er sagt immer alles so, wie er es sich gerade denkt.
Aber Alex hat nicht nur Schwierigkeiten. Er kann auch manche Dinge ganz besonders gut. Alex kann sich vieles sehr gut merken. Er ist ein echter Spezialist in Dingen, die er interessant findet. Und ihm ist es wichtig, dass alles gerecht ist. Dafür setzt er sich ein.